Epikur

Von der Lust zu leben

Epikur

Von der Lust zu leben

Herausgegeben und übersetzt
von Matthias Hackemann

ANACONDA

Die Deutsche Nationalbibliothek verzeichnet diese Publikation in der Deutschen Nationalbibliographie; detaillierte bibliographische Daten sind im Internet unter http://dnb.d-nb.de abrufbar.

Umschlaggestaltung und Layout:
Druckfrei. Dagmar Herrmann, Köln
Satz: GEM mbH, Ratingen
Printed in Germany 2014
ISBN 978-3-7306-0080-1
www.anacondaverlag.de
info@anacondaverlag.de

INHALT

Erstes Kapitel

WEGE ZUM GLÜCK

Hier wirst du dich wohl fühlen:
Hier ist die Lust das höchste Gut.

Inschrift am Eingang des Gartens,
in dem Epikur lehrte

Diese Gärtchen regen den Hunger nicht an, sondern stillen ihn.

Seneca, ep. 21,10

Wer den morgigen Tag am wenigsten braucht, geht dem morgigen Tag am freudigsten entgegen.

Plutarch, mor. 474C

Beneide niemanden. Denn die Guten verdienen keinen Neid, die Schlechten aber stürzen sich umso mehr ins Elend, je mehr Glück sie haben.

Gnom. Vat. Ep. 53

Immer und überall soll dir das viergliedrige Heilmittel zur Hand sein: Die Gottheit braucht keinen Schrecken zu erregen, der Tod keine Furcht, das Gute ist leicht zu beschaffen, das Schlimme aber leicht zu ertragen.

Philodemus, Herc. Pap. 1005, 4.9–14

Einen guten Menschen müssen wir lieben und ihn uns stets vor Augen halten: Damit wir so leben, als würde er uns zuschauen, und alles so machen, als würde er es sehen.

Seneca, ep. 11, 8

Allen Begierden muss man mit dieser Frage begegnen: Welche Konsequenzen hat es für mich, wenn sich dasjenige erfüllt, was meine Begierde ersehnt? Und welche hat es, wenn sich das nicht erfüllen würde?

Gnom. Vat. Ep. 71

Wir sind ein einziges Mal am Leben, zweimal zu sein ist unmöglich. Zwangsläufig leben wir in alle Ewigkeit hinein nicht mehr. Und obwohl du nicht einmal Herr über den morgigen Tag bist, schiebst du auf, woraus dir Freude erwachsen kann. Das Leben aber vergeht unter lauter Zögern und jeder Einzelne von uns stirbt, ohne auch nur einmal Muße gehabt zu haben.

Gnom. Vat. Ep. 14

Versuchen wir, den kommenden Tag besser zu machen als den vergangenen.

Gnom. Vat. Ep. 48

Wem das, was genügt, zu wenig ist, dem genügt niemals etwas.

Gnom. Vat. Ep. 68

Undankbar gegenüber dem Guten, das uns zuteil wurde, ist jener Ausspruch Solons, der da lautet: »Sieh auf das Ende eines langen Lebens«.

Gnom. Vat. Ep. 75

Wenn du Pythokles reicher machen willst, füge nicht seinem Vermögen etwas hinzu, sondern nimm ihm von seinen Begierden etwas weg.

Stobaios, 3,17,23

Das Lob der anderen muss von selbst kommen, wir aber müssen für unser Heil sorgen.

Gnom. Vat. Ep. 64

Das Heil hat seinen Ursprung in der Erkenntnis des Irrtums.

Seneca, ep. 28,9

Wer selbst nicht in Sorge ist, belastet seinen Nächsten nicht.

Gnom. Vat. Ep. 79

Es ist unmöglich, dass jemand ohne Furcht lebt, der Furcht erregend erscheint.

Gnom. Cod. Par. 1168 f. 115v.

Zwang ist ein Übel. Doch besteht keinerlei Zwang, unter Zwang zu leben.

Gnom. Vat. Ep. 9

Du musst der Philosophie dienen, damit dir wahre Freiheit zuteil wird.

Seneca, ep. 8,7

Die üblen Gewohnheiten wollen wir, wie schlechte Menschen, die uns lange Zeit Schaden zugefügt haben, ein für allemal verjagen.

Gnom. Vat. Ep. 46

Man darf seine Natur nicht unterjochen, sondern muss sie bereden. Bereden aber werden wir unsere lebensnotwendigen Begierden, indem wir sie stillen, ebenso die natürlichen, sofern sie nicht schaden, die schädlichen aber, indem wir sie scharf zurückweisen.

Gnom. Vat. Ep. 21

Der Anteil eines jungen Menschen an seinem Wohlergehen liegt darin, seine Jugend zu bewahren und vor denen wachsam zu sein, die mit ihren maßlosen Begierden alles besudeln wollen.

Gnom. Vat. Ep. 80

Nicht der Magen ist gierig und unersättlich, wie die Menge behauptet, sondern die falsche Meinung darüber, man könne den Magen unbegrenzt füllen.

Gnom. Vat. Ep. 59

Selbst mit Zeus würde ich mich gerne hinsichtlich meiner Glückseligkeit messen, wenn ich nur Gerstenbrot und Wasser habe.

Aelian, var. hist. 4,13

Wenn du mit Blick auf deine natürlichen Bedürfnisse lebst, wirst du niemals arm sein. Wenn aber mit Blick auf die Meinungen der Leute, wirst du niemals reich sein.

Seneca, ep. 16,7

Wer sich an der Natur und nicht an den leeren Meinungen orientiert, besitzt stets genug. Denn in Hinsicht darauf, was unseren natürlichen Bedürfnissen genügt, ist jeder Besitz Reichtum. Gegenüber den unbegrenzten Begierden aber ist auch der größte Reichtum Armut.

Porphyrios, ad Marc. 27

Der größte Reichtum von allen ist die Selbstgenügsamkeit.

Porphyrios, ad Marc. 28

Man muss begreifen, dass die lange und die kurze Rede auf dasselbe hinauslaufen.

Gnom. Vat. Ep. 26

Man muss zugleich lachen und philosophieren, sein Haus in Ordnung halten, seine übrigen Fähigkeiten nutzen und niemals aufhören, die Erkenntnisse zu verkünden, die man aus der rechten Philosophie gewonnen hat.

Gnom. Vat. Ep. 41

Glücklich sein kann weder ein Staat in Aufruhr noch ein Haus unter der Zwietracht seiner Hausherren. Umso weniger kann ein Geist, der mit sich selbst uneins ist und im Argen liegt, auch nur einen Teil der reinen und unbegrenzten Lust kosten.

Cicero, fin. 1,58

Epikur identifiziert das Gute mit tiefster Ruhe, wie in einem windstillen, wellenlosen Hafen. Und er sagt:

Gutes zu tun ist nicht nur schöner, als Gutes zu erfahren, sondern auch lustvoller. Nichts bereitet nämlich solche Freude wie Dankbarkeit.

Plutarch, mor. 778C

Mutter, sei gewiss, dass ich angesichts der Güter, die ich besitze, immer voll Freude bin. Und richte du selbst dich auf an den Dingen, die ich tue.

An die Mutter, Do LXIV William.

Sei versichert, ich gewinne täglich etwas hinzu, das mich zu größerer Glückseligkeit gelangen lässt: Es ist nie klein oder unbedeutend, sondern versetzt mich in einen gleichsam göttlichen Zustand und zeigt, dass mich auch meine Sterblichkeit den unvergänglichen und glückseligen Wesen nicht hintanstellt.

An die Mutter, Do LXIII William.

Wir wollen den Göttern opfern, fromm und makellos, wie es sich gebührt, wollen alles makellos gemäß den Bräuchen verrichten und uns hinsichtlich der vollkommensten und heiligsten Wesen in keiner Weise durch die leeren Meinungen verwirren lassen. Vielmehr behaupten wir, dass wir richtig handeln – aufgrund der Überlegung, die ich nannte.

Auf diese Weise scheint es nämlich möglich, dass ein sterbliches Wesen gleich dem Zeus – beim Zeus! – leben kann.

An Anaxarchos

Zweites Kapitel

LUST-GEWINN

Im Gegensatz zu anderen fordere ich zu ständiger Lust auf – und nicht zu hohlen, sinnlosen Tugenden mit deren Unruhe stiftender Hoffnung auf Nutzen.

Plutarch, mor. 1117A

Um der Lust willen soll man die Tugenden wählen, nicht als Selbstzweck, so wie die Heilkunst um der Gesundheit willen.

Diogenes Laertios 10,138

Es ist weder möglich, lustvoll zu leben, ohne besonnen, edel und gesittet zu leben, noch ist es möglich, besonnen, edel und gesittet zu leben, ohne lustvoll zu leben.

Kyriai Doxai 5

Einzig die Tugend ist untrennbar mit der Lust verbunden, alles andere aber kann man von ihr trennen, zum Beispiel Speisen.

Diogenes Laertios 10,138

Epikur vertritt die Auffassung, dass der tugendhafte Mensch glücklich sei, dass aber die Tugend als solche das glückliche Leben nicht in sich einschließe: Glücklich werde das Leben nämlich durch die Lust, die einem aus der Tugend erwachse, und nicht durch die Tugend an sich. Zugleich bestreitet er, dass Lust jemals ohne Tugend aufkommen könne.

Seneca, ep. 85,18

Ehren muss man das Gute und die Tugenden und was ihnen verwandt ist, wenn es Lust bereitet; wenn es diese aber nicht bewirkt, muss man von ihnen ablassen.

Athenaios 546F

Ich spucke auf das Gute und auf die, die es grundlos bewundern, wenn es keine Lust bereitet.

Athenaios 547A

Anfang und Ursprung alles Guten ist die Lust des Leibes. Auch das Weise und Edle beruht auf ihr.

Athenaios 546F

Als Beweis dafür, dass die Lust das Ziel ist, führt Epikur folgenden Sachverhalt an: Die Lebewesen erfreuen sich ab dem Moment ihrer Geburt einerseits sehr an der Lust, werden andererseits aber von Mühsal abgestoßen, von Natur aus und ohne darüber nachzudenken. Von ganz alleine vermeiden wir also den Schmerz. Deshalb schreit auch Herakles, als er von seinem Gewand zerfressen wird,

»unter Brüllen und Heulen, ringsum aber stöhnten die Felsen
und die Berge der Lokrer sowie die steilen Höhen Euböas.«

Diogenes Laertios 10,137 mit
Sophokles, Trachinierinnen 787 f.

Außerdem gründet sowohl das Begehren als auch das Meiden und überhaupt alles, was man tut, entweder in Lust oder in Schmerz. Aufgrund dieses Sachverhalts ist es ersichtlich, dass alles, was richtig und lobenswert ist, sich darauf bezieht, mit Lust zu leben. Weil nun aber dasjenige Gut das höchste, letzte und äußerste ist (die Griechen nennen es »Télos«), das selbst auf nichts anderes mehr abzielt, auf das aber alles andere abzielt, muss man zugeben, dass das höchste Gut darin besteht, lustvoll zu leben.

Cicero, fin. 1,42

Das Lustempfinden des Körpers nimmt nicht weiter zu, wenn die Schmerzen einmal beseitigt sind, die infolge von Mangel auftraten: Das Lustempfinden verändert sich nur. Die höchstmögliche geistige Lust entsteht daraus, dass man erkennt, was dem Verstand die größten Ängste bereitet – genau das und alles, was damit zusammengehört.

Kyriai Doxai 18

Bei Epikur sind es zwei Güter, aus denen die höchste Glückseligkeit zusammengesetzt ist: dass der Körper frei von Schmerzen und dass der Geist frei von Unruhe ist. Wenn sie erfüllt sind, nehmen diese Güter nicht mehr zu. Wie sollte nämlich etwas zunehmen, das schon erfüllt ist? Der Körper ist frei von Schmerz: Was könnte diese Schmerzlosigkeit steigern? Die Seele ist gleichmütig und friedlich: Was könnte zu dieser Ruhe noch hinzukommen?

Seneca, ep. 66,45

Dass die Lust das höchste Gut ist, lässt sich ganz leicht aus Folgendem erkennen: Denken wir uns jemanden, der immerfort große Lust empfindet, sowohl geistige als auch leibliche, und zugleich von keinerlei Schmerzen betroffen ist, weder akuten noch drohenden: Von welcher Verfassung könnten wir dann sagen, sie sei vorzüglicher oder erstrebenswerter als diese?

Cicero, fin. 1,40

Ich für meinen Teil weiß nämlich nicht, was ich noch als das Gute auffassen soll, wenn ich die Freuden des Gaumens ausklammere und diejenigen der Liebe ausklammere und die des Gesangs ausklammere und auch die ausklammere, die aus der lieblichen Anmut gewisser Bewegungen entstehen – oder jedwede Lustempfindung, die sonst noch durch irgendeinen Sinneseindruck irgendwo im Menschen entsteht. So kann man freilich auch nicht sagen, dass die Seelenfreude das alleinige Gut sei, denn für eine freudige Seele setze ich auch voraus, dass unsere Natur die Hoffnung auf all das soeben Genannte besitzt, dass sie diese Dinge künftig erlangen und dabei frei von Schmerzen sein wird.

Athenaios 546E mit Cicero, Tusc. disp. 3,41

Wenn also nicht einmal der Lobgesang auf die eigentlichen Tugenden, der in den Ausführungen der übrigen Philosophen in den höchsten Tönen erklingt, ein anderes Ziel als die Lust zum Vorschein bringt und wenn es andererseits allein die Lust ist, die uns durch ihr eigenes Wesen zu sich ruft und anzieht, kann doch kein Zweifel bestehen, dass die Lust das oberste und höchste Gut überhaupt ist – und dass glücklich zu leben in nichts anderem besteht, als mit Lust zu leben.

Cicero, fin. 1,54

Wir haben nämlich genau dann ein Bedürfnis nach Lust, wenn wir aufgrund der Abwesenheit von Lust Schmerz verspüren. Wann immer wir aber keinen Schmerz empfinden, haben wir kein Bedürfnis nach Lust mehr. Und deswegen sagen wir: Die Lust ist Ursprung und Ziel des glückseligen Lebens. Denn wir erkennen in ihr das erste und uns wesensverwandte Gut, auf ihr basiert jedwedes Wählen und Vermeiden unsererseits und auf sie kommen wir zurück, wenn wir jedes Gute mit unserer Empfindung wie mit einer Richtschnur bewerten. Und eben weil sie das erste und das natürliche Gut für uns ist, entscheiden wir uns nicht für jede Lust, sondern lassen manchmal viele Lustmöglichkeiten verstreichen: nämlich immer dann, wenn sie Belastendes mit sich bringen, das für uns schwerer wöge. Auch halten wir vielfach Schmerzen für besser als Lustempfindungen, sofern für uns eine bedeutendere Lust daraus folgt, dass wir diese Schmerzen lange ertragen. Jede Lust ist also ein Gut, weil sie unserem Wesen verwandt ist, aber nicht jede ist erstrebenswert. Genauso ist auch jeder Schmerz ein Übel, nicht jeder aber ist immer zu meiden. Es ist freilich die Aufgabe genauer Beobachtung, dies alles durch Abwägen des Nützlichen und Schädlichen zu beurteilen.

Menoikeus 128–130

Unter gewissen Umständen wird es häufig geschehen – und zwar entweder aufgrund von gebührenden Pflichten oder, weil eine bestimmte Situation es erfordert –, dass man einerseits Lust zurückweisen muss und andererseits Beschwernisse nicht verweigern darf. Der Weise steht dann vor der Entscheidung, entweder größere Lust zu erlangen als diejenige, auf die er verzichten muss, oder schlimmere Schmerzen fernzuhalten als die, die er ertragen muss.

Cicero, fin. 1,33

Keiner sieht das Schlechte und wählt es als solches, sondern man wird von ihm dadurch geködert, dass es wie etwas Gutes erscheint, doch dann befällt einen ein umso größeres Übel.

Gnom. Vat. Ep. 16

Keine Lust ist aus sich selbst heraus schlecht. Aber manches, was Lust erzeugt, führt Beschwernisse herbei, die viel größer als diese Lust sind.

Kyriai Doxai 8

Ich gehe über vor leiblichen Freuden, wenn ich Wasser und Brot habe, und ich spucke auf die Freuden des Überflusses – nicht wegen ihrer selbst, sondern wegen der Unannehmlichkeiten, die uns aus ihnen erwachsen.

Stobaios, 3,17,33

Weil sie das, was sie sich selbst vorgenommen haben, nicht einhalten und aufrechterhalten können, lassen sich die meisten, vom Einfluss scheinbarer Lust geschwächt und besiegt, bereitwillig von Lustgefühlen fesseln, ohne die Konsequenzen vorherzusehen. Aus diesem Grund kommen sie wegen kleiner, unnötiger Lustempfindungen – die sie sich wohl auch anders hätten verschaffen und auf die sie schmerzlos hätten verzichten können – bald zu Schaden, bald geraten sie in Schande und handeln sich durch eigenes Verschulden sogar Strafen ein, die Gesetze und Richter verhängen.

Diejenigen aber, die Lustempfindungen auf eine Weise genießen, dass ihnen daraus keine Schmerzen erwachsen, und die Besonnenheit bewahren, sodass sie der Lust nicht zum Opfer fallen und nichts tun, was sie für falsch halten, diese erringen die größte Lust dadurch, dass sie auf Lust verzichten.

Cicero, fin. 1,47 f.

Von den Begierden sind einige angeboren und notwendig, andere aber angeboren und nicht notwendig, wiederum andere weder angeboren noch notwendig: Letztere entstehen vielmehr aufgrund unbegründeter Meinung.

Kyriai Doxai 29

Von den notwendigen Begierden aber sind die einen für die Glückseligkeit, andere für die Unbeschwertheit des Körpers, wieder andere für das Leben an sich notwendig.

Menoikeus 127

Halte es nicht für eine philosophisch ungebildete Aussage, dass die Seele ruft, wenn das Fleisch ruft. Die Stimme des Fleisches fordert: nicht hungern, nicht dürsten, nicht frieren. Und obwohl es für die Seele schwierig ist, das zu verweigern, besteht diese Gefahr dennoch, wenn sie nämlich durch die ihr eigene Selbstgenügsamkeit im Alltag den Ruf der Natur überhört.

Porphyrios, ad Marc. 30

Alle Begierden, die nicht zu Schmerzempfindungen führen, wenn sie unerfüllt bleiben, sind nicht notwendig. Vielmehr schließen sie ein Verlangen in sich, das leicht zu vereiteln ist, wann immer es sich zeigt, dass sie auf Dinge abzielen, die schwer herbeizuschaffen sind oder Schaden mit sich bringen.

Kyriai Doxai 26

Wenn wir also sagen, dass die Lust das Ziel ist, meinen wir nicht die Lust der Ausschweifenden oder der Genusssüchtigen – wie einige behaupten, die das entweder nicht wissen oder nicht eingestehen können oder absichtlich verkehrt verstehen. Unser Ziel ist vielmehr, dass man weder körperliche Schmerzen empfindet noch in seiner Seele Unruhe verspürt.

Menoikeus 131

Jetzt aber werde ich ausführen, was genau diese Lust ist: damit die Irrtümer der Ahnungslosen vollständig beseitigt werden und damit jeder versteht, wie ernst, wie enthaltsam, wie streng diese Lehre ist, der man unterstellt, sie sei genusssüchtig, wollüstig und verweichlicht. Wir folgen nämlich nicht derjenigen Lust als der einzigen, die unsere Natur nur durch irgendeinen Liebreiz lockt und von den Sinnen in irgendeiner Weise als angenehm wahrgenommen wird. Sondern wir halten jene Lust für die größte, die sich dann einstellt, wenn man von jedwedem Schmerz befreit ist.

Da wir uns, wenn uns der Schmerz genommen wird, über diese Erlösung als solche und auch über die Befreiung von jeder Beschwerlichkeit freuen, aber all das, woran wir uns freuen, Lust ist, wie auch alles, was uns Kummer bringt, Schmerz ist, wird die vollständige Freiheit von Schmerzen zurecht Lust genannt. Wie nämlich, wenn Hunger und Durst von Speise und Trank vertrieben werden, die Beseitigung dieser Qualen schon an und für sich Lust zur Folge hat, so lässt auch bei allem anderen die Erlösung vom Schmerz eine Lustempfindung entstehen. Daher bestritt Epikur, dass es irgendein Mittelding zwischen Schmerz und Lust gebe. Denn eben das, was einigen als die Mitte erscheint, weil es frei von Schmerzen ist, sei nicht nur Lust, sondern sogar höchste Lust.

Cicero, fin. 1,37 f.

Die größtmögliche Lustempfindung liegt in der Befreiung von allem, was schmerzt. Welche Quellen der Freude sich uns aber auch immer erschließen: Solange sie vorhanden sind, gibt es nichts, was uns Schmerzen oder Kummer oder auch beides zugleich zufügt.

Kyriai Doxai 3

Wenn zu fortwährender Lust und Freiheit von Schmerz noch hinzukommt, dass man weder göttliches Walten fürchtet noch zulässt, dass einem vergangene Lustempfindungen entfallen, man sich vielmehr über die beständige Erinnerung an sie freut – was könnte einem da noch Besseres widerfahren?

Cicero, fin. 1,41

Wir gestehen aber, dass die Seele Lust oder Schmerz dadurch empfindet, dass der Körper Lust oder Schmerz empfindet. Daher gebe ich zu: Obgleich uns sowohl die Lust der Seele Fröhlichkeit zufügt als auch ihr Schmerz Beschwerlichkeit, haben beide ihren Ursprung im Körper und wirken auf den Körper zurück. Trotzdem bleibt es unbenommen, dass sowohl die Lust als auch der Schmerz der Seele weitaus bedeutender sind als die entsprechenden Empfindungen des Körpers.

Denn mit dem Körper können wir ausschließlich das Momentane und Anwesende verspüren, mit der Seele aber auch Vergangenes und Künftiges. Angenommen nämlich, dass wir, wenn wir mit dem Körper Schmerz empfinden, in der Seele ebenso sehr Schmerz empfinden, kann der seelische doch ganz erheblich zunehmen, wenn wir der Meinung sind, dass uns irgendein Leid ewiglich und grenzenlos drohe. Entsprechend kann man dasselbe auf die Lust übertragen, die größer ist, wenn wir nichts Derartiges fürchten.

Cicero, fin. 1,55

Weder fortwährende Trinkgelage und Umzüge noch der Genuss von Knaben und Frauen und auch nicht von Fischen und allem übrigen, was ein üppiger Tisch zu bieten hat, können das lustvolle Leben erzeugen. Sondern nur eine besonnene Vernunft, die sowohl die Ursachen jedes Wählens und Meidens erkennt als auch die leeren Meinungen vertreibt, aus denen die Seelen die größte Beunruhigung befällt.

Der Ursprung all dessen also und das größte Gut ist die Vernunft. Deshalb ist die Vernunft auch wertvoller als die Philosophie, aus der alle übrigen Tugenden herrühren, weil sie uns lehrt, dass es nicht möglich ist, lustvoll zu leben, ohne vernünftig und edel und gerecht zu leben, und dass es ebenso unmöglich ist, vernünftig, edel und gerecht zu leben, ohne lustvoll zu leben. Denn die Tugenden sind mit dem lustvollen Leben verwachsen und das lustvolle Leben lässt sich nicht von ihnen trennen.

Menoikeus 132

Um Krankheiten der Seele handelt es sich bei grenzenlosen und eitlen Begierden nach Reichtum, Ruhm, Herrschaft und sogar nach ausschweifender Wollust. Zu ihnen gesellen sich Kummer, Beschwerlichkeit, Wehmut und diese zehren und reiben mit ihren Sorgen die Seelen der Menschen auf, die nicht verstehen, dass die Seele sich wegen nichts beunruhigen darf, was sich nicht auf einen gegenwärtigen oder künftigen körperlichen Schmerz bezieht. Hinzu kommen der Tod – der ständig droht wie der Fels dem Tantalos – sowie der Aberglaube: Wer von ihm betroffen ist, kann niemals Ruhe finden.

Cicero, fin. 1,59 f.

Es ist nicht so, dass Schmach durch einen natürlichen Mangel von außen bewirkt würde, sondern durch eine Begierde, die anhand grundloser Meinungen aufgekommen ist.

Stobaios, 3,17,34

Das Fleisch würde äußerste Lust nur in der Unendlichkeit erreichen und nur unbegrenzte Zeit könnte sie ihm verschaffen. Der Verstand aber erlangt, wenn er das Ziel und die Grenze des Fleisches vollständig erfasst und jede Angst vor der Ewigkeit aufgehoben hat, das vollkommene Leben, ohne dass wir noch der unbegrenzten Zeit dazu bedürfen.

Kyriai Doxai 20

Nachdem wir aber das Wesen aller Dinge erkannt haben, werden wir vom Aberglauben befreit, von Furcht vor dem Tod erlöst und vom Unwissen über die Welt nicht mehr beunruhigt, und besonders aus letzterem rühren sonst oft schreckliche Erschütterungen her.

Cicero, fin. 1,63

Zeit meines Lebens freue ich mich wie die Götter.

An die Mutter, DO LXIII William.

Drittes Kapitel

MIT MENSCHEN LEBEN

Wer Freundlichkeit an den Tag legt,
gewinnt Wohlwollen und Liebe –
die beste Voraussetzung für ein ruhiges
Leben, vor allem weil es dann überhaupt
keinen Grund gibt, etwas Falsches zu tun.

Cicero, fin. 1,52

Die Freundschaft tanzt in der ganzen Welt umher und fordert uns alle auf, wach zu werden und sie zu preisen.

Gnom. Vat. Ep. 52

Weder mit Leichtfertigen noch mit Zauderern darf man sich auf eine Freundschaft einlassen. Man muss um einer Freundschaft willen aber auch gewisse Risiken eingehen.

Gnom. Vat. Ep. 28

Weder jemand, der ständig auf seinen eigenen Vorteil bedacht ist, kann ein Freund sein, noch jemand, der niemals darauf bedacht ist: Der eine nämlich treibt mit seiner Gefälligkeit Handel und ist auf Lohn aus, und der andere kappt jede Hoffnung auf Zukunft.

Gnom. Vat. Ep. 39

Lasst uns mit unseren Freunden mitempfinden: nicht indem wir Klage erheben, sondern indem wir Sorge tragen.

Gnom. Vat. Ep. 66

Man muss mehr darauf achten, mit wem man isst und trinkt, als darauf, was man isst und trinkt. Denn ohne Freunde gleicht das Leben der Fütterung von Löwen und Wölfen.

Seneca, ep. 19,10

Freundschaft kann man von der Lust nicht trennen, deshalb muss man sie pflegen. Denn wenn es ohne sie nicht möglich ist, sicher und ohne Furcht zu leben, kann man ohne sie auch unmöglich lustvoll leben.

Cicero, fin. 2,82

Jede Freundschaft ist um ihrer selbst willen wünschenswert. Ihren Anfang aber nimmt sie zunächst, weil sie einen Nutzen bringt.

Gnom. Vat. Ep. 23

Epikur sagt, es gebe keine menschliche Gemeinschaft, jeder sorge nur für sich.

Laktanz, div. inst. 3,17,43

Es gibt für vernunftbegabte Wesen keine natürliche Gemeinschaft untereinander, glaubt es mir. Die, die das Gegenteil behaupten, täuschen euch und irren sich.

Epiktet, 2,20,6

Meide politische Betätigung gleich einem Unheil und wie die Vernichtung des Glücks.

Plutarch, vita Pyrrhi 20

Lebe im Verborgenen!

Plutarch, mor. 1128

Zieh dich vor allem dann in dich selbst zurück, wenn du gezwungen bist, unter vielen Leuten zu sein.

Seneca, ep. 25,6

Der Weise wird weder Politik betreiben noch herrschen.

Diogenes Laertios 10,119

Der Weise wird keine politische Laufbahn einschlagen, es sei denn, irgendetwas zwingt ihn dazu.

Seneca, de otio 3,2

Du verstehst nunmehr, dass du dich aus den Beschäftigungen, denen du nachgehst, zurückziehen musst: Sie sind auf äußeren Schein gerichtet und schlecht. Aber du möchtest wissen, auf welche Weise du das erreichen kannst.

Lies Epikurs Brief an Idomeneus, den er zu diesem Thema geschrieben hat: Er bittet ihn dort, dass er sich nach Kräften eilen möge, zu fliehen, bevor eine stärkere Macht dazwischentrete und ihm die Freiheit nehme, sich zurückzuziehen.

Er schließt gleichwohl einschränkend an, man dürfe nichts unternehmen, solange man es nicht passend und zur rechten Zeit unternehmen könne.

Aber sobald der Moment gekommen ist, auf den man lange Zeit gewartet hat, müsse man sich aufmachen, sagt er. Demjenigen, der auf Flucht sinnt, verbietet er zu schlafen und er äußert seine Hoffnung auf einen rettenden Ausweg auch aus den schwierigsten Lagen, sofern wir uns weder vorzeitig eilen noch zum rechten Zeitpunkt zögern.

Seneca, ep. 22,5

Jeder muss sich selbst aus dem Gefängnis befreien, das Alltagsgeschäfte und Politik bilden.

Gnom. Vat. Ep. 58

Wie wir unsere eigenen Charakterzüge schätzen – sowohl wenn sie trefflich sind und von den Menschen bewundert werden als auch sonst –, so müssen wir auch die unserer Nächsten schätzen, wenn sie uns wohlmeinend gegenüberstehen.

Gnom. Vat. Ep. 15

Das Recht, das dem Wesen der Menschen entspricht, ist eine Vereinbarung mit Blick auf den Nutzen, einander weder Schaden zuzufügen noch voneinander Schaden zu erleiden.

Kyriai Doxai 31

Wie ist es möglich, dass schlechte Taten ebenso viel dazu beitragen, die Beschwerlichkeiten im Leben zu mindern, wie sie ebendiese Beschwerlichkeiten andererseits – aufgrund des Schuldbewusstseins wegen dieser Taten und vor allem aufgrund der gesetzlichen Strafen und des Hasses, den sie bei den Bürgern hervorrufen – wieder vermehren?

Cicero, fin. 1,51

Der größte Nutzen, den man aus der Gerechtigkeit zieht, ist die innere Ruhe.

Clem. Alex. Strom. 6,24,10

Der Gerechte lässt sich am wenigsten beunruhigen. Der Ungerechte aber trägt die größte Unruhe in sich.

Kyriai Doxai 17

Wird der Weise etwas Gesetzwidriges tun, wenn er weiß, dass es unbemerkt bleibt? Darüber kann man schwerlich eine einfache Aussage treffen.

Plutarch, mor. 1127D

Es geschieht nicht leicht, dass jemand unentdeckt bleibt, der ein Unrecht begeht. Und Gewissheit darüber zu erlangen, dass er unentdeckt bleibt, ist gänzlich unmöglich.

Gnom. Vat. Ep. 7

Man sagt, dass diejenigen, die ein Unrecht begehen und gesetzwidrig handeln, die ganze Zeit über unglücklich und furchtsam leben: Denn auch wenn sie es verbergen können, ist es doch unmöglich für sie, Gewissheit darüber zu erlangen, dass ihr Tun unentdeckt bleiben wird. Daher lässt die ständige, drückende Unsicherheit über die Zukunft weder zu, dass sie Freude empfinden, noch können sie aufgrund ihrer momentanen Lage zuversichtlich sein.

Plutarch, mor. 1090C

Du sollst in deinem Leben nichts tun, bei dem dir die Möglichkeit, dass es von den Leuten entdeckt werden könnte, Furcht bereitet.

Gnom. Vat. Ep. 70

Jemand, der heimlich etwas von den Dingen tut, die man zu unterlassen vereinbart hat, um einander nicht zu schaden und voneinander keinen Schaden zu erleiden, kann unmöglich darauf vertrauen, dass es unentdeckt bleiben wird, wenn es für den Moment auch tausendmal unbemerkt bleibt. Es ist nämlich bis zu seinem Lebensende unklar, ob es verborgen bleiben wird.

Kyriai Doxai 35

Unrechtmäßig Geld zu verlangen ist frevelhaft, rechtmäßig Geld zu verlangen aber schändlich. Es gehört sich nämlich nicht, nach Geld zu gieren, selbst wenn man im Recht ist.

Gnom. Vat. Ep. 43

Unter allem, was als gerecht gilt, nimmt dasjenige tatsächlich den Rang des Gerechten ein, das erwiesenermaßen für die wechselseitigen Bedürfnisse der Gemeinschaft nützlich ist – ob es nun für alle denselben Nutzen bringt oder nicht. Wenn jemand aber ein Gesetz aufstellt, das den gegenseitigen Nutzen der Gemeinschaft nicht fördert, trägt es das Wesen des Gerechten nicht in sich. Und wenn der Nutzen, den das Gerechte einbringt, sich irgendwann verändert, zuvor aber über eine gewisse Zeit mit der ursprünglichen Vorstellung übereingestimmt hat, war es in den Augen derjenigen, die sich nicht mit inhaltsleerem Gerede verwirren, sondern auf die Tatsachen blicken, anfangs nichtsdestoweniger gerecht.

Kyriai Doxai 37

Durch deinen ganzen Charakter zeigtest du dich würdig, ein freies Leben zu führen, das nicht von Gesetzen bestimmt ist.

Philodemos, pragm. = 74 Ar.

Manche Menschen sind kleinlich und engherzig oder verzweifeln ständig an allem, sind missgünstige, neidische, mürrische, lichtscheue, verleumderische, widerwärtige Personen, andere geben sich den Liebesabenteuern hin oder sind ausschweifend oder vermessen und dreist, auch zügellos, feige, wankelmütig – und aus all diesen Gründen nehmen die Beschwerlichkeiten in ihrem Leben kein Ende. Daher ist ein törichter Mensch niemals glücklich.

Cicero, fin. 1,61

Diese Art zu leben, die nicht auf ein glückseliges Leben abzielt, bezeichne ich als ordinär und plump.

Philodemos, pragm. = 74 Ar.

Niemand verwirft oder hasst oder meidet die Lust als solche – weil sie Lust ist –, sondern weil den Leuten, die es nicht verstehen, der Lust mit Verstand nachzugehen, daraus große Schmerzen erwachsen. Ferner gibt es niemanden, der den Schmerz als solchen – weil er Schmerz ist – liebt, ihn erstrebt oder erringen will; vielmehr stellen sich manchmal Umstände solcher Art ein, dass man über einen mühsamen und schmerzlichen Weg große Lust zu erreichen sucht. Ich will das mit einem Beispiel aus dem Alltagsleben illustrieren: Wer von uns nimmt irgendeine mühsame körperliche Übung auf sich, außer damit irgendetwas Angenehmes daraus folgt? Und wer könnte dann wohl denjenigen zu Recht kritisieren, der einen Lustzustand erreichen möchte, aus dem keinerlei Beschwerlichkeit erwächst, oder denjenigen, der jeden Schmerz vermeidet, aus dem keine Lust folgt?

Hingegen klagen wir diejenigen an und denken, dass sie unseren gerechten Hass am meisten verdient haben, die von den Verlockungen momentaner Lustempfindungen verweichlicht und verdorben werden, ohne dass sie etwa vorhersähen, welche Schmerzen und Beschwerlichkeiten sie sich damit aufbürden, denn sie sind blind vor Gier. Und ebenso machen sich diejenigen schuldig, die ihre Pflichten vernachlässigen, weil ihr Geist schwach ist, nämlich indem sie Mühen und Schmerzen ausweichen.

Cicero, fin. 1,32

Die Begierden, die ihren Ursprung in unserer Natur haben, sind leicht zu erfüllen, ohne jedes Unrecht. Den leeren Begierden aber darf man nicht nachgeben. Sie verlangen nämlich nach nichts Erstrebenswertem und der Schaden durch das Unrecht, sie zu erfüllen, ist größer als der Vorteil, der in den Dingen liegt, die durch dieses Unrecht erworben werden.

Daher könnte man noch nicht einmal von der Gerechtigkeit sagen, dass sie an sich wünschenswert sei. Sie ist es vielmehr, weil sie wohl die größte Annehmlichkeit mit sich bringt. Denn geschätzt zu werden und anderen lieb zu sein ist deswegen angenehm, weil es ein sichereres Leben und eine tiefgehendere Lust bewirkt. Daher meine ich, dass die Schlechtigkeit nicht nur wegen dieser Unannehmlichkeiten, die den Schlechten zuteil werden, zu meiden sei, sondern viel mehr noch, weil sie denjenigen, dessen Seele sie erfasst hat, niemals zur Ruhe kommen, sich niemals erholen lässt.

Cicero, fin. 1,53

Dem Schlechten gegenüber ist unsere Natur schwach, nicht dem Guten gegenüber. Durch Lustempfindungen wird sie erhalten, durch Schmerzen aber zugrunde gerichtet.

Gnom. Vat. Ep. 37

Viertes Kapitel

WECHSELFÄLLE DES LEBENS

Wer vergangenes Gutes vergisst,
ist schon jetzt ein Greis.

Gnom. Vat. Ep. 19

Epikur beklagt unablässig, dass wir gegenüber dem Vergangenen undankbar seien, wenn wir, welche Güter auch immer uns zuteil geworden sind, uns diese weder ins Gedächtnis rufen noch sie zu den Lustempfindungen zählen, wo doch keine Lustempfindung gewisser sei als diejenige, die uns nicht mehr genommen werden kann.

Seneca, Benef. 3,4,1

Die Unruhe der Seele auflösen oder bedeutsame Freude erzeugen, das kann weder der Besitz größter Reichtümer noch die Wertschätzung und Bewunderung seitens der Leute noch sonst irgendetwas von diesen Dingen, deren Grundlage unsicher ist.

Gnom. Vat. Ep. 81

Viele, die zu Reichtum gelangt waren, trafen statt auf irgendeine Erlösung von den Übeln vielmehr auf einen Wechsel zu noch größeren.

Porphyrios, ad Marc. 28

Wie wir uns an guten Dingen aufrichten, die wir erwarten, so erfreuen wir uns an denen, an die wir uns erinnern. Die Dummen hingegen quälen sich mit der Erinnerung an Schlimmes. Es liegt jedoch bei uns, dass wir einerseits Widriges gleichsam durch beständiges Vergessen zudecken und uns andererseits an Glückliches gerne und voller Heiterkeit erinnern. Wenn wir aber das Vergangene scharf und gründlich bedenken, dann ergibt es sich, dass uns Kummer erwächst, wenn es sich dabei um schlimme Dinge handelt, dass sich aber Freude einstellt, wenn es etwas Schönes ist.

Cicero, fin. 1,57

Armut ist, gemessen an der Erfüllung unserer natürlichen Bedürfnisse, großer Reichtum. Reichtum aber, der sich keine Grenze setzt, ist große Armut.

Gnom. Vat. Ep. 25

Wer die Grenzen des Lebens erkannt hat, weiß, wie leicht dasjenige zu beschaffen ist, das den schmerzenden Mangel beseitigt und das ganze Leben vollkommen macht. Ein solcher Mensch hat daher keinen weiteren Bedarf an Dingen, für deren Erwerb man sich anstrengen muss.

Kyriai Doxai 21

Immer wenn du verzweifelt bist, bist du verzweifelt, weil du deine Natur nicht bedenkst. Du bereitest dir nämlich selbst grenzenlose Ängste und Begierden.

Porphyrios, ad Marc. 29

Und die Natur lehrt uns, dasjenige für unbedeutend zu halten, was das Schicksal uns zuteilt. Und sie heißt einerseits die Glücklichen, zu erfassen, was es bedeutet, nicht glücklich zu sein, andererseits heißt sie die Unglücklichen, das Glücklichsein nicht für allzu bedeutend zu halten. Die Güter, die das Schicksal einem verschafft, soll man mit Gelassenheit annehmen, aber innerlich den Vergleich mit denen anstellen, die durch das Schicksal schlecht gestellt zu sein scheinen. Und die Natur lehrt uns, dass alles, was die Leute für etwas Gutes oder für ein Übel halten, vergänglich, die Weisheit aber in keiner Weise mit dem Schicksal verbunden ist.

Porphyrios, ad Marc. 30

Ein törichtes Leben ist undankbar und unruhig: Es ist ganz auf die Zukunft ausgerichtet.

Seneca, ep. 15,9

Schicksalsschlägen muss man dadurch begegnen, dass man für die verlorenen Dinge Dankbarkeit empfindet, und indem man erkennt, dass man unmöglich ungeschehen machen kann, was schon vergangen ist.

Gnom. Vat. Ep. 55

Die Dummen erinnern sich nicht an das vergangene und genießen nicht das gegenwärtige, sondern erwarten nur das zukünftige Gute. Weil letzteres aber nie gewiss sein kann, werden sie von unruhiger Furcht verzehrt und machen sich vor allem dann schwere Vorwürfe, wenn sie zu spät bemerken, dass sie vergebens nach Geld oder Macht oder Einfluss oder Ruhm gestrebt haben. Sie erringen nämlich niemals die Lust, die sie voll flammender Hoffnung erreichen wollten und für die sie Anstrengungen auf sich genommen hatten.

Cicero, fin. 1,60

Der stets glückliche Weise erinnert sich dankbar an das Vergangene und nimmt die Gegenwart so auf, dass er erfasst, wie großartig und angenehm sie ist. Und der Weise macht sich auch nicht von der Zukunft abhängig, sondern er wartet sie geduldig ab und genießt die Gegenwart.

Cicero, fin. 1,62

Den Zufall hält der Weise weder für einen Gott, wofür ihn die meisten ansehen – von einem Gott nämlich wird nichts regellos unternommen –, noch für eine unsichere Ursache. Denn er meint, dass der Zufall den Menschen in Hinsicht auf das glückselige Leben weder Vorteilhaftes noch Schädliches bringe, dass der Zufall allerdings das Aufkommen großer Güter oder Übel ermögliche. Außerdem hält er es für besser, wohlüberlegt zu handeln und dabei kein Glück zu haben, als unüberlegt zu agieren und einen Zufallserfolg zu erlangen. Es sei nämlich besser, wenn bei den Handlungen, die wir unternehmen, etwas gut Überlegtes missglücke, als dass etwas schlecht Überlegtes nur durch Glück gelinge.

Menoikeus 134

Man darf das Vorhandene nicht aus Verlangen nach etwas Fernem abfällig behandeln, sondern muss bedenken, dass auch das Vorhandene zu den ersehnten Dingen gehörte.

Gnom. Vat. Ep. 35

Heitere Armut ist ehrenhaft.

Seneca, ep. 2,5

Auch die Selbstgenügsamkeit halten wir für ein großes Gut – nicht etwa, damit wir das Wenige um seiner selbst willen begehren, sondern damit wir uns, wenn wir das Viele nicht haben, mit dem Wenigen in der tiefen Überzeugung begnügen können, dass diejenigen Luxus am heitersten genießen, die ihn am wenigsten brauchen, und dass zwar alles, was unsere Natur erfordert, leicht zu beschaffen ist, das Unnütze aber schwer, und dass Gerstenbrot und Wasser die höchste Freude bereiten, wenn sie jemand zu sich nimmt, der heftigen Mangel an ihnen hatte. Wenn wir uns also an die einfache, nicht die luxuriöse Lebensweise gewöhnen, macht uns das gegenüber dem Schicksal furchtlos.

Menoikeus 130 f.

Ein Zufall ereilt den Weisen nur in Bezug auf etwas Unbedeutendes. Die bedeutendsten und entscheidendsten Dinge hat sein Verstand geregelt, regelt sie, während seine Lebenszeit voranschreitet, und wird sie regeln.

Kyriai Doxai 16

Wer sich auf die Unsicherheit der äußeren Einflüsse bestmöglich vorbereitet hat, dem ist das Machbare eng vertraut, das Unmögliche aber zumindest nicht fremd.

Kyriai Doxai 39

Nur der Weise kann, wenn er von allen leeren Meinungen und Irrtümern hinsichtlich der Grenzen seiner Natur befreit und erlöst ist, ohne Kummer und ohne Furcht ein zufriedenes Leben führen.

Cicero, fin. 1,44

Daher raten die Philosophen dazu, nicht darüber nachzusinnen, wie etwas Notwendiges zu besorgen ist, sondern vielmehr, wie wir unbesorgt sein können, wenn es nicht vorhanden ist.

Porphyrios, ad Marc. 28

Die gemeine Seele wird zwar von einem glücklichen Gelingen erhoben, von Missgeschicken aber niedergerissen.

Gnomol. Cod. Par. 1168 f. 115

Wir wollen weder das Fleisch als Ursache der großen Übel anklagen noch die schwer zu ertragenden Dinge auf äußere Umstände schieben. Vielmehr wollen wir die Ursachen für sie in uns selbst suchen, und zwar indem wir jede vergebliche Begierde und Hoffnung nach irgendwelchen vergänglichen Dingen auslöschen und ganz in uns gehen.

Porphyrios, ad. Marc. 29

Die Weisheit erweist sich uns als sicherste Führerin zur Lust. Denn sie allein vertreibt die Traurigkeit unserer Seele.

Cicero, fin. 1,43

Mir scheint, dass im Leben jenes Gesetz zu befolgen ist, das bei den Gastmählern der Griechen gilt. Es lautet: »Man muss entweder trinken oder weggehen«, und das zu Recht. Entweder soll man nämlich die Lust des Gelages in der Gesellschaft mit anderen genießen oder man soll sich, damit man nicht nüchtern den Übermut der Betrunkenen ertragen muss, vorher entfernen. Ebenso soll man auch die Ungerechtigkeiten des Schicksals, wenn man sie nicht ertragen kann, vermeiden, indem man sich ihnen entzieht.

Cicero, Tusc. disp. 5,118

Entweder ist jemand aufgrund einer Furcht oder aufgrund einer grenzenlosen und sinnlosen Begierde unglücklich; wer diese Dinge in den Griff bekommt, kann sich die glückselige Vernunft erschließen.

Porphyrios, ad Marc. 29

Das Glückliche und Selige beruht weder auf einem immensen Vermögen noch auf glänzenden Taten, nicht auf irgendwelchen Ämtern und auch nicht auf Macht, sondern auf der Freiheit von Kummer, auf der Ruhe vor Schmerzen und auf einer Disposition der Seele, die die Grenzen unserer Natur erkennt.

Plutarch, mor. 37A

Fünftes Kapitel

LEBEN UND TOD

Das schauderhafteste aller Übel, der Tod, hat für uns also keine Bedeutung. Denn solange wir ja da sind, ist der Tod nicht da, wenn aber der Tod da ist, werden wir nicht mehr da sein.

Menoikeus 125

Gewöhne dich an den Gedanken, dass der Tod uns in keiner Weise betrifft; denn alles Gute und Üble liegt in der Wahrnehmung; der Tod aber bedeutet, der Wahrnehmung beraubt zu werden. Daher lässt uns die rechte Erkenntnis, dass der Tod uns in keiner Weise betrifft, die Endlichkeit des Lebens genießen. Denn statt uns eine unbegrenzte Zeit zuzuteilen, nimmt uns diese Erkenntnis die Sehnsucht nach der Unsterblichkeit. Nichts im Leben ist nämlich schrecklich für denjenigen, der im Geiste vollständig erfasst hat, dass nichts Schreckliches darin liegt, nicht zu leben. Daher hat derjenige eine haltlose Einstellung, der angibt, nicht deshalb den Tod zu fürchten, weil er ihn zu der Zeit belasten werde, wenn er da ist, sondern weil der Tod ihn dadurch bedrücke, dass er künftig sein wird. Was uns nämlich nicht zur Last fällt, wenn es zugegen ist, bedrückt uns grundlos, solange es noch aussteht.

Menoikeus 124 f.

Der Weise aber entzieht sich weder dem Leben noch fürchtet er sich davor, nicht zu leben. Denn weder ist ihm das Leben zuwider noch meint er, dass es ein Übel sei, nicht zu leben. Wie er aber bei den Speisen keineswegs das meiste, sondern das Wohlschmeckendste für sich auswählt, so bezieht er auch nicht aus der längsten, sondern aus der angenehmsten Lebenszeit seine Freude.

Menoikeus 125 f.

Denke über den Tod nach. Es ist etwas Großartiges, den Tod zu erlernen.

Seneca, ep. 26,8

Manche Menschen sorgen sich ihr Leben hindurch um die Dinge zum Leben, ohne zu erkennen, dass in uns alle das tödliche Gift der Geburt eingespritzt ist.

Gnom. Vat. Ep. 30

Jeder tritt aus dem Leben, als sei er soeben geboren.

Gnom. Vat. Ep. 60

Die Epikureer treten denen entgegen, die das Trauern, Weinen und Wehklagen um liebe Verstorbene verwerfen. Sie sagen, dass eine derartige Ungerührtheit der Seele, die ins Empfindungslose hineinspiele, ihren Ursprung in einem anderen, noch größeren Übel habe: in unmenschlicher Verrohung, unmäßiger Eitelkeit und Wahnsinn. Es sei deshalb besser, ein wenig zu leiden und zu trauern und – beim Zeus! – auch feuchte Augen zu bekommen und zu schluchzen.

Plutarch, mor. 1101A

So groß ist der Unverstand, ja sogar der Wahnsinn der Menschen, dass einige aus Angst vor dem Tod in den Tod getrieben werden.

Seneca, ep. 24,23

Wer von einem jungen Mann fordert, schön zu leben, von einem alten aber, schön zu sterben, der ist ein Narr: nicht nur, weil das Leben als solches wünschenswert ist, sondern auch deswegen, weil die Beschäftigung damit, schön zu leben, und damit, schön zu sterben, ein und dieselbe ist.

Menoikeus 126

Gegen alles andere kann man sich zwar Sicherheit verschaffen, gegenüber dem Tod aber bewohnen wir, alle Menschen, eine Stadt ohne Mauern.

Gnom. Vat. Ep. 31

Wenn irgendetwas geschieht, das uns den Tod zu bringen scheint, dann lasst uns überlegen, wie viel wahrscheinlicher andere Gründe wären, die wir nicht fürchten: Ein Feind hat jemanden mit dem Tod bedroht – ein verdorbener Magen kam ihm zuvor.

Seneca, ep. 30,16

Die Aussage Epikurs, dass sich die Seele auflöst, wodurch die Angst vor dem Tod endet, beseitigt den Argwohn vor unaufhörlichen und unbegrenzten Übeln und führt zur Erlösung.

Plutarch, mor. 1106D

Am glückseligen Tag meines Lebens, der mein Todestag ist, schreibe ich euch diese Zeilen: Er ist begleitet von Harnleiden und Koliken, deren Ausmaß unmöglich größer sein könnte. Aber all dem steht die Freude meines Geistes angesichts der Erinnerung an unsere gemeinsamen Unterredungen gegenüber.

An Idomeneus

Gedenke: Durch deine Natur bist du zwar sterblich und hast eine begrenzte Zeit zugeteilt bekommen, aber durch dein Nachdenken über die Natur bist du zur Unendlichkeit und zur Ewigkeit emporgestiegen und erkanntest »was ist, was sein wird und was war«.

Gnom. Vat. Ep. 10 mit Homer, Ilias 1,70

Sechstes Kapitel

PHILOSOPHIE UND ERKENNTNIS

Der edle Mensch kümmert sich am meisten um Weisheit und Freundschaft. Letztere ist ein vergängliches Gut, erstere aber ein unsterbliches.

Gnom. Vat. Ep. 78

Bei allen anderen Beschäftigungen kommt der Ertrag mit Mühe, wenn man sie vollendet hat, bei der Philosophie aber gehen Erkennen und Freude miteinander einher. Denn der Genuss ist nicht die Folge des Verstehens, sondern Verstehen und Genuss geschehen gleichzeitig.

Gnom. Vat. Ep. 27

Ich rufe dazu auf, unablässig der Naturphilosophie nachzugehen, und finde vor allem in einem solchen Leben meine innere Ruhe.

Herodotos 37

Ich persönlich möchte lieber offen Naturphilosophie betreiben und das verkünden, was allen Menschen hilft, selbst wenn es keiner hören will, als den leeren Meinungen beizustimmen, um dann das gewaltige Lob zu ernten, das aus der Menge ertönt.

Gnom. Vat. Ep. 29

Niemals habe ich begehrt, der Menge zu gefallen. Denn was ihr gefiel, habe ich nicht gutgeheißen; aber das, was ich wusste, lag weit außerhalb ihrer Vorstellungskraft.

Gnomol. Cod. Par. 1168 f.

Gewiss nicht in jedwedem Körper und auch nicht in jedwedem Volk kann ein Weiser entstehen.

Diogenes Laertios 10,117

Wer einmal weise geworden ist, kehrt nicht mehr in den gegenteiligen Zustand zurück. Er würde nicht einmal so tun als ob.

Diogenes Laertios 10,117

Epikur sagt, dass einzig ein Weiser einen Weisen erkennen kann.

Aet. 4,9,19

Die Naturphilosophie bringt weder Prahler hervor noch Wortkünstler noch Menschen, die mit einer solchen Bildung prunken, wie sie von der Menge bestaunt wird, sondern selbstbewusste und selbstgenügsame Persönlichkeiten, die auf ihre eigenen Werte, nicht auf ihre Vermögenswerte stolz sind.

Gnom. Vat. Ep. 45

Der Weise ist gerne Zuschauer und erfreut sich an dionysischen Gesängen und Schauspielen. Künstlerischen Streitfragen und gelehrten Überlegungen von Kritikern gibt er jedoch nicht einmal beim Trinkgelage Raum.

Plutarch, mor. 1095C

Der Weise wird so weit für seinen guten Ruf sorgen, dass er nicht verachtet wird.

Diogenes Laertios 10,120

Auch wenn der Weise gefoltert wird, sei er glückselig … Im Moment der Folter stöhne und jammere er freilich.

Diogenes Laertios 10,118

Epikur sagt, dass der Weise, wenn er im Stier des Phalaris verbrannt werde, ausrufe: Es ist lustvoll und berührt mich nicht.

Seneca, ep. 66,18

Behaupten ebenjene, die alles nach Lust und Schmerz beurteilen, etwa nicht, dass der Weise stets mehr von dem habe, was er wolle, als von dem, was er nicht wolle?

Cicero, fin. 5,93

Der unserer Natur gemäße Reichtum ist sowohl begrenzt als auch leicht zu beschaffen, Reichtum aber, wie ihn die leeren Meinungen verstehen, erstreckt sich ins Unendliche.

Kyriai Doxai 15

Man darf nicht nur vorgeben zu philosophieren, sondern man muss wirklich philosophieren. Wir bedürfen ja auch nicht des Anscheins, gesund zu sein, sondern müssen tatsächlich gesund sein.

Gnom. Vat. Ep. 54

Nutzlos ist die Lehre eines Philosophen, die für keinen menschlichen Schmerz Heilung bringt. Wie nämlich die Heilkunst nichts nützt, wenn sie nicht die Krankheiten aus den Körpern vertreibt, so nützt auch die Philosophie nichts, wenn sie den Schmerz nicht aus der Seele vertreibt.

Origenes, c. Cels. 7,66

Wie wir nämlich die ärztliche Wissenschaft nicht der Kunst als solcher wegen gutheißen, sondern der Gesundung wegen, und wie die Kunst des Steuermanns, der sich bestens aufs Navigieren versteht, wegen ihres Nutzens und nicht wegen der Kunstfertigkeit gelobt wird, so würde man die Weisheit – die man sich als die Kunst, richtig zu leben, denken muss – nicht erstreben, wenn sie nichts bewirken würde. Nun erstrebt man sie aber, weil sie gleichsam die Kunst des Aufspürens und Erwerbens von Lust ist.

Cicero, fin. 1,43

Wenn wir sehen, dass das Leben insgesamt durch Irrtum und Unwissenheit in Unordnung gebracht wird, und dass es einzig die Weisheit ist, die uns Sicherheit vor dem Ansturm der Begierden und dem Schrecken der Ängste bietet und uns sogar die Ungerechtigkeiten des Schicksals mit Gelassenheit zu ertragen lehrt und uns alle Wege aufzeigt, die zu Ruhe und Frieden hinführen, warum sollten wir dann zögern zu sagen, dass einerseits die Weisheit um des Lustempfindens willen zu erstreben ist und dass man andererseits der Unwissenheit aufgrund der mit ihr verbundenen Beschwerlichkeiten entgehen muss?

Cicero, fin. 1,46

Jemand kann sich unmöglich von seinen Ängsten bezüglich der grundlegendsten Sachverhalte befreien, wenn er die Natur des Universums nicht erkennt, vielmehr aber solche Dinge befürchtet, wie sie in den Mythen zum Ausdruck gebracht werden.

Daher wäre es auch unmöglich, ohne die Naturphilosophie unbeschwerte Lustempfindungen zu erlangen.

Kyriai Doxai 12

Gehe insbesondere fest davon aus, dass der Erkenntnisgewinn über die meteorologischen und astronomischen Phänomene – ob sie nun zusammen mit anderen Themen oder isoliert besprochen werden – kein weiteres Ziel außer der Gemütsruhe und fester Zuversicht verfolgt.

Pythokles 85

Es würde nichts nützen, sich in Bezug auf seine Mitmenschen Sicherheit zu verschaffen, solange zugleich die meteorologischen und astronomischen Phänomene sowie das, was unter der Erde und schlechthin in der Unendlichkeit existiert, ein steter Quell der Furcht ist.

Kyriai Doxai 13

Wer, meinst du, ist stärker als derjenige, der voller Ehrfurcht an die Götter denkt, der dem Tod in jeder Hinsicht furchtlos gegenübersteht, der das Ziel unseres Seins gedanklich erfasst hat und der versteht, dass das Höchstmaß des Guten sowohl leicht zu erfüllen als auch leicht zu bekommen ist, dass beim Höchstmaß des Schlechten aber Dauer und Leid knapp bemessen sind, und der auch das Schicksal verlacht, das einige als Herrin über alles eingeführt haben, und sich vielmehr selbst als Verantwortlichen für sein Tun ansieht, weil er erkennt, dass manches zwar notwendig eintritt, manches aber aus Zufall geschieht und wiederum anderes von uns selbst herrührt, wobei dieser Mensch zugleich sieht, dass die Notwendigkeit jeder Verantwortung entbehrt, der Zufall unstet, aber dasjenige, was von uns kommt, frei ist, weshalb sich auch nur daran der Tadel und dessen Gegenteil anschließt?

Menoikeus 133

Wenn die Argwöhnungen bezüglich der meteorologischen und astronomischen Phänomene und bezüglich des Tods, als würde er für uns irgendeine Bedeutung besitzen, schließlich auch die fehlende Erkenntnis unserer Grenzen bei Schmerzen und Begierden keine Belastungen für uns wären, würden wir wohl kaum der Naturphilosophie bedürfen.

Kyriai Doxai 11

Wenn du eine Wahrnehmung einfach verwirfst und keinen Unterschied machst zwischen einer noch zu bestätigenden Vermutung und demjenigen, was unmittelbar durch Wahrnehmung, Empfindung oder einen in sich stimmigen Gedankenentwurf Bestätigung findet, dann wirst du aufgrund solcher leeren Meinungen auch deine sonstigen Wahrnehmungen durcheinander bringen, sodass du jede Instanz verwirfst, mit der ein Urteil getroffen werden kann. Wenn du aber in deinen mutmaßenden Erwägungen die Dinge rundweg für gewiss erklärst, ob sie nun auf Bestätigung noch warten oder nicht, wirst du ein Opfer der Täuschung werden. Denn in Bezug auf jedes Urteil von richtig oder falsch wird dich jeder nur mögliche Zweifel befallen.

Kyriai Doxai 24

Wenn du gegen alle Wahrnehmungen kämpfst, wirst du keinen Bezugspunkt haben, nach dem du diejenigen Wahrnehmungen beurteilen kannst, die du für falsch erklärst.

Kyriai Doxai 23

Solange wir das Wesen der Welt nicht erkennen, können wir in keiner Weise die Urteile verteidigen, zu denen wir anhand unserer sinnlichen Wahrnehmung kommen. Freilich entstammt alles das, was unser Verstand erforscht, voll und ganz unseren Sinneseindrücken. Folglich dürfte man nur dann, wenn diese allesamt wahr sind – und genau das lehrt die Schule Epikurs –, überhaupt irgendetwas erkennen und wahrhaft erfassen können.

Diejenigen hingegen, die genau dies mit der Behauptung abstreiten, durch die Sinne könne nichts erfasst werden, sind noch nicht einmal in der Lage, dasjenige darzulegen, was sie eigentlich besprechen wollen, da die sinnliche Wahrnehmung doch von ihnen zurückgewiesen wird. Zudem wird durch dieses Abstreiten von Erkenntnis und Wissenschaft jede Lehre annulliert, die sich darauf bezieht, wie man sein Leben führen und was man tun solle.

Aus der Naturphilosophie hingegen bezieht man Stärke gegenüber der Angst vor dem Tod, Standhaftigkeit gegenüber der Angst vor den Göttern, zudem seelischen Frieden, weil die Unkenntnis über das Verborgene in seiner Gesamtheit behoben wird, und schließlich Selbstbeherrschung. Denn das Wesen der Begierden und ihrer Formen wird geklärt und die Richtschnur der Erkenntnis sowie das in seiner Folge getroffene Urteil ermöglichen die Unterscheidung des Wahren vom Falschen.

Cicero, fin. 1,64

Widme dich selbst vor allem der wissenschaftlichen Betrachtung: bezüglich der Naturprinzipien, bezüglich der Unendlichkeit und allem, was damit zusammenhängt, auch bezüglich unserer Urteilsinstanzen und unserer Empfindungen – und auch bezüglich dessen, warum wir all dies eingehend betrachten. Vor allem, wenn du diese Dinge im Zusammenhang untersuchst, wird es dir leicht fallen, die Prinzipien der Dinge im Einzelnen zu erkennen.

Pythokles 116

Kümmere dich Tag und Nacht um diese Dinge und um das, was damit zusammenhängt: im Interesse deiner selbst sowie derjenigen, die dir ähnlich sind, und du wirst niemals, weder wachend noch im Schlaf, in Unruhe geraten, vielmehr wirst du wie ein Gott unter Menschen leben.

Menoikeus 135

Träume besitzen weder eine göttliche Natur noch mantische Kraft, sondern sie entstehen infolge des Eindringens von Schattenbildern.

Gnom. Vat. Ep. 24

Siebtes Kapitel

GOTT UND DIE WELT

Es ist sinnlos, etwas von den Göttern zu erbitten, das man sich selbst verschaffen kann.

Gnom. Vat. Ep. 65

Wenn die Gottheit den Gebeten der Menschen Folge leisten würde, dürfte die Menschheit wohl ziemlich schnell zugrunde gehen, weil die Menschen ununterbrochen viel Schlimmes füreinander erbitten.

Gnomol. Cod. Par. 1168 f. 115r

Zu den Göttern zu beten – sagt Epikur in »Über die Lebensformen« – sei ein Ausdruck von Weisheit. Nicht etwa, weil die Götter Hass empfänden, wenn wir dies unterließen, sondern weil es eine logische Konsequenz aus der Vorstellung ist, dass die Götter Wesen sind, die uns an Kraft und Erhabenheit übertreffen.

Philodemos, de piet.

Der Epikureer entfernt sich von einem Opfer mit den Worten Menanders: »Ich brachte mein Opfer dar für Götter, die sich überhaupt nicht um mich scheren.« Denn Epikur meint, dass man sich auf diese Weise verstellen müsse – indem man etwas tut, worüber die Mitmenschen sich freuen, auch wenn man selbst es verabscheut –, um von der Menge nicht scheel angesehen zu werden oder sich gar ihren Hass zuzuziehen.

Plutarch, mor. 1102B

Gottlos ist nicht derjenige, der die Götter der Menge verwirft, sondern der den Göttern die leeren Meinungen der Menge anhängt. Denn die Äußerungen der Menge über die Götter sind keine begründeten Annahmen, sondern falsche Mutmaßungen.

Menoikeus 123 f.

Epikurs erster Lehrsatz war, dass Zorn mit Gott unvereinbar sei. Weil ihm dies wahr und unwiderlegbar erschien, konnte er die sich daraus ergebenden Schlussfolgerungen nicht umgehen. Denn nachdem diese eine Emotion ausgeschlossen worden war, war es unausweichlich nötig, der Gottheit auch die übrigen Emotionen abzuerkennen. Denn wer nicht zürnt, wird gewiss auch nicht von Gnade gerührt – die ja das Gegenstück zum Zorn ist. Und wenn in Gott schon weder Zorn noch Gnade existieren, dann erst recht nicht Furcht, Freude, Kummer oder Barmherzigkeit. Sämtliche Emotionen resultieren nämlich aus einem einzigen Beweggrund, aus einem einzigen Antrieb, der auf Gott aber nicht zutreffen kann. Wenn in Gott also keine Emotionen existieren – weil alles, was emotional berührt werden kann, schwach ist –, existiert in ihm demzufolge weder Sorge noch Fürsorge in Bezug auf irgendetwas.

Laktanz, De ira dei 4, 10–12

Als Erstes halte die Gottheit für ein unsterbliches und glückseliges Wesen, wie es die allgemeine Wahrnehmung über die Gottheit vorgibt, und hänge ihr daher nichts an, was entweder nicht zu ihrer Unsterblichkeit passt oder unter Berücksichtigung ihrer Glückseligkeit unangemessen ist: Nimm hingegen alles über sie an, was in Einklang mit ihrer mit Glückseligkeit verbundenen Unsterblichkeit steht.

Menoikeus 123

Ein glückseliges und unsterbliches Wesen kennt weder selbst Sorgen noch bereitet es einem anderen solche. Daher wird es weder von zornigen Ausbrüchen noch von Anwandlungen der Gnade ergriffen. Denn alles Derartige findet sich nur bei schwachen Wesen.

Kyriai Doxai 1

Gott, sagt Epikur, will entweder das Böse beseitigen und kann es nicht, oder er kann es und will es nicht, oder er will es nicht und kann es auch nicht, oder er will es und kann es auch. Wenn er es will und nicht kann, ist er schwach, was auf Gott nicht zutrifft. Wenn er es kann und nicht will, ist er missgünstig, was ebenfalls nicht zu Gott passt. Wenn er es weder will noch kann, ist er sowohl missgünstig als auch schwach und infolgedessen kein Gott. Wenn er es sowohl will als auch kann, was allein auf Gott zutrifft, woher kommt dann das Böse? Oder warum beseitigt er es nicht?

Laktanz, De ira dei 13, 20–22

Es ist unabdingbar nötig, zu verstehen, dass die stärkste Verwirrung für die menschlichen Seelen aus Folgendem resultiert: dass sie dasselbe Wesen einerseits für glückselig und unsterblich halten und ihm andererseits Wünsche, Handlungen und Motive zuordnen, die diesem Sachverhalt genau entgegengesetzt sind; dass sie aufgrund der Mythen irgendeinen unendlichen Schrecken erwarten oder argwöhnen; dass sie sogar die Empfindungslosigkeit im Totsein fürchten, als würde sie diese irgendwie betreffen; und dass sie all das nicht aufgrund bestimmter Vermutungen erleiden, sondern durch einen völlig unsinnigen Wahn, weshalb es bei ihnen – weil sie das Furchtbare nicht eingrenzen können – zu der gleichen oder noch heftigeren Verwirrung kommt, als wenn sie dasselbe mit einer gewissen Systematik vermuteten. Gefestigte Seelenruhe aber entsteht dadurch, dass man von all dem befreit ist und sich permanent an die allumfassenden und entscheidendsten Prinzipien erinnert.

Herodotos 81 f.

Das Leben der Götter ist natürlich so beschaffen, dass man sich kein anderes vorstellen kann, welches glückseliger und reicher an allen Gütern wäre. Denn die Gottheit betreibt nichts, ist in keine Geschäfte verwickelt und setzt keine Werke in Bewegung, sondern erfreut sich an ihrer göttlichen Weisheit und Vollendung in der Gewissheit, dass ihr immer sowohl die größte als auch vor allem ewige Lust zuteil sein wird.

Nehmen wir an, in der Welt selbst existiere irgendein Gott, der herrscht und lenkt und den Lauf der Sterne, den Wechsel der Jahreszeiten, den Wandel und die Ordnung der Natur überwacht und die Länder und Meere beobachtet, um die Interessen und das Leben der Menschen zu behüten – wäre ein solcher Gott etwa nicht in beschwerliche und mühsame Aufgaben verwickelt? Wir verstehen unter dem glückseligen Leben aber die Sorglosigkeit der Seele und das Freisein von allen Aufgaben.

Cicero, nat. deor. 1, 51–53

Man darf bezüglich der Himmelskörper keinesfalls glauben, dass ihr Lauf, ihr Richtungswechsel, ihr Verschwinden, ihr Aufgang und Untergang und alles Vergleichbare sich in der jeweiligen Form vollziehe, weil irgendein Wesen es so veranlasse, das all dies ordne oder geordnet habe und zugleich in Ewigkeit die höchste Glückseligkeit besitze. Und man darf ferner nicht annehmen, dass etwas, das aus zusammengeballtem Feuer besteht, die Glückseligkeit besitzen könne oder seine Bewegungen eigenen Wünschen gemäß vollziehe.

Herodotos 76 f.

Ebenso darfst du unmöglich glauben, dass die heiligen Sitze der Götter in irgendeinem Teil der Welt liegen. Denn die Daseinsform der Götter ist gleichsam unkörperlich und unseren Sinnen weit entrückt und sie kann ferner mit den Möglichkeiten unseres Geistes kaum wahrgenommen werden. Weil sie selbst mit Händen weder berührt noch geschlagen werden können, ist es den Göttern ihrerseits gänzlich verwehrt, etwas anzurühren, was wir berühren können. Was selbst nämlich Berührungen verwehrt, kann auch nichts berühren.

Lukrez, rer. nat. 5,146–152

Epikur lehrt, dass die wesenhafte Natur der Götter darin bestehe, dass sie erstens nicht sinnlich, sondern nur gedanklich wahrgenommen werden können und dass sie zweitens keinerlei Körperlichkeit besitzen und auch nicht zählbar sind – also anders als das, was er wegen seiner Körperlichkeit als »Sterémnia«, nämlich »Festes«, bezeichnet. Vielmehr nehmen wir sie durch ineinander übergehende Bilder von großer Ähnlichkeit wahr.

Wenn unser Geist sich auf diese Bilder richtet und unser Verstand sie fixiert, erkennen wir mit den größten Lustempfindungen die Natur sowohl des glückseligen als auch des ewigen Wesens.

Cicero, nat. deor. 1,49

Zwei Arten von Glückseligkeit lassen sich denken: einmal die höchstmögliche, wie sie auf Gott zutrifft, die keine Veränderung zulässt; und einmal diejenige, bei der es möglich ist, dass Lustempfindungen hinzukommen oder weggenommen werden.

Diogenes Laertios 10,121

Der Weise bewundert das Wesen der Götter und ihre Verfassung, und er versucht, dem nahe zu kommen. Es verlangt ihn geradezu danach, sie zu berühren und mit ihnen zusammen zu sein, und er nennt sowohl die Weisen Freunde der Götter als auch die Götter Freunde der Weisen.

Philodemos, de deor. victu

Neben allem Übrigen lehrte Epikur uns auch, dass die Welt auf naturgesetzliche Weise entstanden und dass kein göttlicher Kunstgriff dafür nötig gewesen sei. Es sei zudem leicht möglich – auch wenn ihr abstreitet, dass dies ohne göttliche Kunstfertigkeit vonstatten gehen könne –, dass die Natur unzählbare Welten erschaffen werde, erschaffe und bereits erschaffen habe.

Weil ihr diesbezüglich aber nicht verstehen könnt, auf welche Weise die Natur etwas ohne irgendeinen Geist erschaffen kann, flüchtet ihr euch wie tragische Dichter, weil ihr das gewollte Ende nicht logisch herbeiführen könnt, zu einer Gottheit.

Deren Hilfe müsstet ihr nun wirklich nicht in Anspruch nehmen, wenn ihr die unermessliche und unbegrenzte Größe des Raumes in alle Richtungen erkennen würdet: Wenn unser Geist sich in diese hineinbegibt und auch noch so zielstrebig umherschweift und sucht, wird er dennoch kein Ufer finden, an dem er halt machen könnte. In dieser Unermesslichkeit der Breiten, Längen und Höhen also jagt die unendliche Menge unzähliger Atome, die, auch wenn die Leere sie zumeist trennt, dennoch aufeinander stoßen und sich miteinander verbinden, indem die einen die anderen erreichen.

Daraus entstehen jene Formen und Figuren der Dinge, von denen ihr nicht glauben wollt, dass sie ohne Blasebalg und Amboss entstehen können. Infolgedessen wollt ihr uns das Joch eines ewiglichen Herrn auflasten, den wir Tag und Nacht fürchten müssten – denn wer dürfte einen alles vorhersehenden und planenden und registrierenden, neugierigen Gott, der meint, dass ihn alles angehe, und der immer geschäftig ist, nicht fürchten? Darin liegt der Keim eurer schicksalsbestimmten Notwendigkeit, die ihr »Heimarméne« nennt, und deshalb sagt ihr, dass alles, was geschieht, aus einer ewigen Wahrheit und ununterbrochenen Reihe von Ursachen herrühre.

Welchen Wert kann man aber einer Philosophie beimessen, für die – genauso wie für alte Weiber, und zwar ungebildete – alle Dinge aus dem Schicksal herzurühren scheinen?

Hinzu kommt eure »Mantik«, ein anderes Wort für »Wahrsagerei«. Durch sie würde uns der größte Aberglauben befallen, wenn wir euch darin folgen wollten, Opferschauern, Auguren, Wahrsagern, Sehern und Traumdeutern ehrfürchtig gegenüberzustehen.

Weil Epikur uns von diesen Schrecken befreit und in die Freiheit geführt hat, fürchten wir auch die Götter nicht. Denn wir haben erkannt, dass sie sich weder selbst irgendwelche Sorgen aufladen noch anderen Wesen solche bereiten. Daher verehren wir sie fromm und ehrfürchtig als herrliche und vollkommene Wesen.

Cicero, nat. deor. 1,53–56

Wer sagt, dass alles aus Notwendigkeit geschehe, hat demjenigen nichts vorzuwerfen, der sagt, dass nicht alles aus Notwendigkeit geschehe: Er sagt ja, dass genau das aus Notwendigkeit geschehe.

Gnom. Vat. Ep. 40

Die Vorzeichen aber, die manchmal an Tieren zu beobachten sind, ergeben sich aus dem Zufall des Augenblicks. Die Tiere bewirken nämlich keinerlei Zwang, dass etwa ein Sturm aufkommen muss. Auch gibt nicht irgendein göttliches Wesen von seinem Thron aus genau Acht darauf, wie solche Tiere ihren Stall verlassen, um die entsprechenden Vorzeichen im Anschluss daran durch Taten zu vollenden. Denn solche Torheit dürfte nicht einmal das erstbeste Lebewesen befallen, selbst wenn es nur wenig Geist besitzt, geschweige denn eines, das sich im Besitz der vollkommenen Glückseligkeit befindet.

Pythokles 115 f.

Woher stammen oder wie werden alle Dinge, die geschehen? Es handelt sich dabei, sagt Epikur, nicht um das Werk einer Vorsehung. Vielmehr gibt es Atome, die im leeren Raum hin und her fliegen, und wenn diese zufällig aneinander stoßen und sich verbinden, entstehen und bilden sich sämtliche Dinge.

Laktanz, divin. inst. 3,22

Zahllose Atome jagen auf zahllose Weisen umher – durch Impulse und ihr eigenes Gewicht schon seit unendlicher Zeit in Bewegung – und stoßen auf jede erdenkliche Weise zusammen und bilden im Laufe der Zeit alle nur möglichen Dinge, die sie in je unterschiedlicher Kombination erschaffen können. Daher ist es kein Wunder, wenn sie auch zu solchen Anordnungen gekommen sind und zu solchen Laufbahnen gefunden haben, in denen sich das Universum heute zeigt und dabei ständig neu erschafft.

Lukrez, rer. nat. 5,187–194

Sowohl die Sonne als auch der Mond als auch die übrigen Sterne sind nicht getrennt voneinander entstanden und auch nicht erst später vom Kosmos und allem, was er enthält, umfangen worden. Vielmehr wurden sie alle mit einem Mal gestaltet und begannen zu wachsen – so wie auch Land und Meer –, und zwar infolge der Ansammlung und der Wirbelbewegung feinteiliger Körperchen, die sicherlich entweder luftartig oder feuerähnlich oder beides zugleich sind. Darauf lässt unsere Wahrnehmung schließen.

Pythokles 90

Das göttliche Wesen darf keinesfalls zur Erklärung der Himmelserscheinungen herangezogen werden. Wenn man sich daran nicht hält, wird die gesamte Ursachenforschung bezüglich der meteorologischen und astronomischen Phänomene vergebens sein – ganz so, wie es schon einigen widerfahren ist, die sich nicht mit möglichen Herleitungen befassten, sondern in sinnloses Gerede verfielen, weil sie der Ansicht waren, dass die Himmelserscheinungen nur auf eine einzige Art und Weise entstehen können, und dabei die anderen Herleitungen, die sich am Möglichen orientieren, allesamt verwarfen. Diese Leute verirrten sich in das Undenkbare, auch weil sie die sichtbaren Erscheinungen nicht miteinbezogen, die man als Hinweise auffassen muss.

Pythokles 97

Die Entstehung eines Donnerschlags lässt sich auf viele Arten und Weisen erklären. Nur der Mythos bleibe außen vor; das wird er aber, wenn man anhand der gut sichtbaren Dinge Schlussfolgerungen in Bezug auf die unsichtbaren zieht.

Pythokles 104

Epikur sagt, die Gottheit sei ewig und unvergänglich und trage für nichts Vorsorge, und überhaupt gebe es keine Vorsehung und kein Schicksal, sondern alles geschehe aus sich heraus. Denn die Gottheit sitze in den von ihm so genannten »Zwischenwelten«. Er erklärte nämlich, dass es einen Wohnsitz der Gottheit außerhalb des Kosmos gebe, ebendiese Zwischenwelten. Die Gottheit erfreue sich allerhöchster Glückseligkeit und Muße, und weder kenne sie selbst Sorgen noch bereite sie solche einem anderen.

Hippol., philos. 22,3 p. 572

NACHWORT

Lust ist ein zweischneidiger Begriff. Aus dem Zusammenhang gerissen, kann sein breites Spektrum von wonniger Freude bis hin zu lüsterner, materialistischer Gier gleichermaßen positive wie negative ethische Assoziationen wecken. Epikurs Gegner versteiften sich auf letztere Möglichkeit und brandmarkten seine Lehre als unmoralischen, ja höchst verwerflichen Aufruf zu hedonistischer, hemmungsloser Genusssucht.

Tatsächlich aber verstand Epikur (341–270 v. Chr.) unter diesem Schlüsselwort etwas völlig anderes: Lust besteht für Epikur in der Erlösung von allen seelischen wie körperlichen Schmerzen. Dafür gibt der Philosoph eine Vielzahl von Hinweisen, Maximen, Ratschlägen aus. Die prägnantesten Aussagen sind in diesem Band versammelt: Die hier gewählte Anordnung sortiert dabei nicht nur des besseren Überblicks halber die epikureischen Gedanken nach thematischen Schwerpunkten, sondern ermöglicht es zugleich, den logischen Gedankengang und den inneren Zusammenhang der Lehrmeinung im »Kepos« (Garten) nachzuvollziehen, wie Epikurs Schule nach ihrem Versammlungsort, einem Garten in Athen, auch genannt wird. Die weiteren, hier nicht aufgeführten Epikurquellen würden das Bild dieser Lehre noch detailreich vertiefen. Um aber den Blick auf die wesentlichen Aussagen Epikurs freizugeben und zugleich das ihnen zugrunde liegende philosophische System aufzuzeigen, erschien die vorliegende Textauswahl als der geeignete Mittelweg.

Denn Epikurs Philosophie ist keineswegs auf ethische Probleme begrenzt. Vielmehr setzt die Suche nach der Lust im Leben – und damit auch der Lust am Leben – gerade in Bezug auf die »letzten Fragen« die Auseinandersetzung mit den elementaren Umgebungsparametern menschlicher Existenz voraus. Und diese Auseinandersetzung besteht eben in der umfangreichen Reflexion über das Wesen des Göttlichen, des Kosmos sowie nicht zuletzt auch des Menschen selbst.

Das Ziel der entsprechenden Untersuchungen liegt für Epikur letztlich darin, zu zeigen, dass für den Menschen keinerlei Anlass besteht, in irgendeiner Weise Angst oder Unruhe zu empfinden. Und wer dies beherzigt, erreicht aus Sicht des Kepos die Erlösung von seelischem Leid, worin ja eine der beiden Voraussetzungen des lustvollen Lebens besteht. Es liegt zwar, wie Epikur einräumt, nicht in der Macht des Menschen, körperlichen Schmerz ganz auszuschließen. Aber: »Schmerzen halten im Fleisch nicht unbegrenzt an. Sondern dauern, wenn sie äußerst heftig sind, nur ganz kurze Zeit; ein Schmerz hingegen, der das Lustspendende im Fleisch nur knapp überwiegt, erstreckt sich zumindest nicht über viele Tage hin; und lang anhaltende Unpässlichkeiten lassen im Fleisch mehr Lust als Schmerz entstehen.« (Kyriai Doxai 4). Durch diese Relativierung verliert das körperliche Leid für den Epikureer seinen Schrecken, zumal die angstfrei gewordene Seele durch ihre »Ataraxía«, ihre Unerschütterlichkeit, imstande ist, körperliche Schmerzen mit Gleichmut zu ertragen.

Der Verweis darauf, dass Schmerzen innerhalb des menschlichen Lebens letztlich nur ein begrenztes Maß annehmen können, wird dadurch flankiert, dass auch aus dem Bereich des Göttlichen keine »Schrecknisse« drohen. Dies begründet Epikur u. a. mit dem Hinweis, dass es einem Gott angesichts seiner vollkommenen Glückseligkeit wesensfremd sei, sich für Belange der Menschen auch nur entfernt zu interessieren oder gar in deren Leben einzugreifen.

Auf demselben Gedanken beruht auch die Ansicht, dass eine Gottheit überhaupt mit dem Kosmos nicht interagiere. Stattdessen verortet Epikur das Göttliche in »Zwischenwelten«, die getrennt von unserem All bestehen. Damit führt er eine erhebliche Neuerung gegenüber der zeitgenössischen Vorstellung göttlicher Existenz ein. Gleichwohl ist aber zu vermerken, dass Epikur weit davon entfernt ist, Positionen eines wie auch immer gearteten Atheismus zu vertreten. Denn die Götter sind in seinen Augen als vollendete Wesen zu verehren, deren ewige Glückseligkeit das höchste Ziel allen menschlichen Strebens verkörpert.

Statt intervenierende Gottheiten zu vermuten, erklärt Epikur den gesamten Kosmos nach der Atomismuslehre Demokrits, die er weiterentwickelt. Da sich demnach alle Vorgänge rein naturgesetzlich beschreiben lassen, verliert auch der Kosmos für den Anhänger Epikurs jeden Schrecken.

Durch diese Erklärung der Welt nach physikalischen Gesetzmäßigkeiten verliert schließlich auch der Tod seinen Schrecken – die letzte der schwerwiegenden Ängste, von denen der Gründer des Kepos die Menschen befreien will. Da mit dem Tod die Wahrnehmung erlösche und der Mensch zu existieren aufhöre, besteht nach Epikur kein Anlass, Furcht vor dem Lebensende zu empfinden.

TEXTQUELLEN

Bei der Beschäftigung mit Epikurs Lehre ist neben der unmittelbaren inhaltlichen Auseinandersetzung auch die Quellenlage von besonderem Interesse. Denn direkte Zeugnisse, die aus der Feder des Philosophen selbst stammen, sind keineswegs unsere einzigen Anhaltspunkte, im Gegenteil: Zum größeren Teil besteht die Überlieferung aus Zitaten, Kommentaren oder Reflexionen bei späteren, sowohl griechischen als auch lateinischen Autoren.

Der Großteil des eigentlichen epikureischen Textkorpus ist hingegen verloren. Ursprünglich hat es wohl um die vierzig Bücher umfasst, von denen allerdings fast nur noch Titel bekannt sind. Den Schwerpunkt des noch Erhaltenen bilden die Briefe an Menoikeus, Herodotos und Pythokles sowie die »Kyriai Doxai« (Maßgebliche Sätze), die allesamt im 10. Buch von Diogenes Laertios' »Leben und Lehren bedeutender Philosophen« enthalten sind. 1888 kam noch das damals wiederentdeckte »Gnomologium Vaticanum Epicureum« (Epikureische Spruchsammlung im Vatikan) als weiterer bedeutender Quelltext hinzu.

Vorsichtige Skepsis ist natürlich geboten, wenn epikureische Äußerungen oder Argumentationsgänge durch andere Schreiber zitiert, nachempfunden oder gar kommentiert werden. Abweichungen von der »reinen Lehre« des Kepos sind dabei nicht nur aufgrund flüchtiger Ungenauigkeiten bei der Wiedergabe, sondern auch angesichts potenzieller Missverständnisse komplexer Themen oder sogar bewusster Verzerrungen denkbar – zum Beispiel, um Epikurs Lehre mit Blick auf die Adressaten des jeweiligen Autors besser angreifen oder verteidigen zu können. Bei allen Zitaten in diesem Band ist nicht zuletzt aus diesem Grund die jeweilige Herkunft angegeben. Die vollständigen Titel der mit Abkürzungen bezeichneten Quellen sind im Folgenden verzeichnet.

VON EPIKUR SELBST VERFASSTE TEXTE

Menoikeus	Brief an Menoikeus
Herodotos	Brief an Herodotos
Pythokles	Brief an Pythokles
Idomeneus	Brief an Idomeneus
Anaxarchos	Brief an Anaxarchos
An seine Mutter	Brief an seine Mutter
Gnom. Vat. Ep.	Gnomologium Vaticanum Epicureum (teilweise von Schülern Epikurs formuliert)

ZITIERENDE WERKE ANDERER AUTOREN

Aelian, var. hist.	Varia historia
Cicero, fin.	De finibus bonorum et malorum
Cicero, nat. deor.	De natura deorum
Cicero, Tusc. disp.	Tusculanae disputationes
Laktanz, div. inst.	Divinae institutiones
Lukrez, rer. nat.	De rerum natura

Origenes, c. Cels.	Contra Celsum
Philodemos, de deor. victu	De deorum victu
Philodemos, de piet.	De pietate
Philodemus, Herc. Pap.	Philodemus, Herculaneum Papyrus
Plutarch, mor.	Moralia
Plutarch, plac. phil	Placita philosophorum, Contra Colotem
Porphyrios, ad Marc.	Ad Marcellam
Seneca, benef.	De beneficiis
Seneca, ep.	Epistulae morales ad Lucilium

Zuletzt noch ein formaler Hinweis: Manche der erhaltenen Zitate sind als Nebensätze, Einschübe oder ähnlich indirekt formuliert. Diese grammatikalischen Eigenheiten wurden im Deutschen der Lesbarkeit zuliebe aufgelöst.